AF346481

# CATALOGUE

DES

# MONNAIES

## MÉDAILLES ET CURIOSITÉS FRANÇAISES,

DONT LA VENTE AURA LIEU

LES LUNDI 27, MARDI 28 ET MERCREDI 29 OCTOBRE 1851,

à une heure précise,

## HOTEL DES VENTES,

### *RUE DES JEUNEURS, N. 42,*

Par le ministère de Mᵉ BONNEFONS DE LAVIALLE, Commissaire-
Priseur, à Paris,

Assisté de M. DEFER, Expert.

CE CATALOGUE SE DISTRIBUE :

Chez MM. BONNEFONS DE LAVIALLE, Commissaire-Priseur, rue de
Choiseul, 11 ;
DEFER, quai Voltaire, 21 ;
ROLLIN, rue Vivienne, 12 ;

## PARIS

IMPRIMERIE ET LITHOGRAPHIE MAULDE ET RENOU,
Rue Bailleul, 9 et 11.

1851

# CONDITIONS DE LA VENTE.

Elle sera faite au comptant.

Les acquéreurs paieront, en sus des adjudications, cinq pour cent applicables aux frais de vente.

On verra les objets de curiosité à la dernière vacation, le matin, de onze heures à une heure.

# CATALOGUE

# DES MONNAIES

## MÉDAILLES ET CURIOSITÉS FRANÇAISES.

1. Râpe à tabac. Bel *ivoire* du XVII<sup>e</sup> siècle.
2. Médaillon encadré, portrait de M<sup>me</sup> la duchesse d'Angoulême. *Cire* sur ardoise, par Romagnesi, en mai 1814.
3. Charles Juste, prince de Beauvau. Superbe médaillon en *terre cuite*, par Nini, 1767.
4. *Plâtre* (copie) de Micheli. Vierge debout, dite à l'Oiseau, et de Royaumont, travail français de la fin du XIII<sup>e</sup> siècle.
5. Même matière. Même sujet, XIV<sup>e</sup> siècle, travail français.
6.      —              —        XVI<sup>e</sup> siècle, travail allemand.
7.      —      Vierge assise,      —      travail flamand.
8. *Grés* ou biscuit de Toulouse. Vierge debout, composition de 1849. — Ces cinq numéros seront vendus ensemble.
9. *Biscuit de Sèvres.* Vierge debout, composition moderne, grand modèle.
10. Henri IV. Médaillon avec cadre, en *bronze* doré, travail du XVIII<sup>e</sup> siècle.
11. Sully. Pendant du précédent.
12. Porte-Calendrier, façon dans le style du XVI<sup>e</sup> siècle, *bronze doré.*
13. Thermomètre, même façon, *bronze* doré et *nacre.*

14. Passepartout. Châsse des grandes reliques à Aix-la-Chapelle, dessin et gravure du R. P. Martin. Superbe épreuve non pliée et à toutes marges.

15. Gravure encadrée. Louis XIV et Lavallière à Vincennes, par Albrier et Pauquet.

16. Autre. M^me de Lavallière au cimetière des Carmélites, par Ducis et Pauquet.

17. L'Atala de Girodet. Gravure encadrée, par V. Massard, avant la lettre. Ces trois numéros seront réunis.

18. La Vierge, dite la Belle-Jardinière, gravée par B. Desnoyers. Gravure encadrée, épreuve de feu N. Révil.

19. Ballade de la Cloche. Grande composition et gravure de l'Ecole moderne de Dusseldorf, richement encadrée.

> Chaque heure du jour, chaque scène principale de la vie humaine est dramatisée sur cette vaste estampe, à la manière des maîtres allemands du XVI^e siècle.

20. La Sainte-Famille. Grand repoussé ciselé, ovale, en *argent*, encadré sous un verre sphérique à cause du haut relief.

> Bon travail italien du XVIII^e siècle. Monument rare pour ses dimensions, et ayant dû servir à orner un autel.

21. *Ivoire du IX^e siècle*, sculpture d'époque carlovingienne. Cette couverture de psautier usuel offre deux sujets : 1° la Transfiguration ; 2° le Dimanche des Rameaux.

22. Autre, qui sert de pendant. Il présente aussi deux compositions : 1° la Résurrection de Lazare ; 2° la Guérison de l'Aveugle.

> Ces deux objets, si rares dans les ventes et les Collections privées, proviennent de la vente Labarte-Duménil, sous les n^os 139 et 140. Ils sont encadrés. Le second numéro est plus fatigué que le premier, lequel a une fissure et un petit raccommodage. Les n^os 21 et 22 ne seront pas réunis.

23. *Argent doré*. Coupe de famille, à pied et à couvercle, montée comme un calice.

> La coupe chargée de dix écussons en relief, fondue et ciselée (au lieu d'être repoussée) porte les armoiries des Clermont-Tonnerre, de Bye, Van der Velde. Elle est signée C. V. Dyk, et datée de 1711. C'est l'ancien n° 946 de la vente Labarte-Duménil.

24. *Argent*. Deux pièces du moyen âge. Le n° 24 réuni aux deux suivants.

25. *Billon*. Saiga mérovingien, VIII<sup>e</sup> siècle.

26. *Argent*. Amulettes modernes.

27. *Or*. Tiers de sou, franco-saxon, VIII<sup>e</sup> siècle.

28. *Album* du papier-monnaie en France, depuis 1719 jusqu'à nos jours. Petit in-4, oblong, à dos de maroquin violet. On y a joint seize pièces, dont deux bulletins de vote des Constituants de mai 1848, et quatorze cartes des Ateliers nationaux en juin 1848.

> Ce Recueil est des plus précieux par le nombre, la beauté et la rareté des pièces, au nombre de 215 numéros collés sur 117 folios. Commencé par M. Rignault, il a été enrichi par son possesseur actuel des Assignats les plus recherchés.

29. Médaillon en *bronze*, inédit, début du XVI<sup>e</sup> siècle. Le Jugement de Pâris.

30. Henri IV. Médaille en *argent doré*, exemplaire du temps, 1597. Très belle.

31. *Cuivre*. Sceau-matrice du chapitre de N.-D. de Vertus en Champagne. Bon travail du XIII<sup>e</sup> siècle, monument authentique et d'un grand module.

32. *Bronze*. Poids de deux livres servant en 1559 dans les villes de Pézenas et de Montpellier.

> Poids étalon bien conservé, de toute rareté dans les Collections du Midi.

33. *Argent*. Jeton-Méreau de la Cour des comptes de Bourgogne sous le règne de Louis XII. A l'avers écusson parti de France-Bretagne avec le collier de Saint-Michel.

34 à 37. *Cuivre*. Quatre jetons fort rares et à fleur de coin. 1623, Charles de La Vieuville (sur 2 cuivres, rarissime). — XVII<sup>e</sup> siècle, les comtes d'Estaing. — 1701. Philippe de Courcillon, marquis de Dangeau. — 1723, Louis I<sup>er</sup>, le Dévot, duc d'Orléans et G.-Maître de Saint-Lazare. — Ces quatre numéros sans division.

38. *Bronze doré*. Philippe III, roi d'Espagne. Méd. aussi belle que rare, travail italien.

39. *Bas argent*. Lothaire II, roi de France. Obole à fleur de coin, frappée à Bourges.

40. *Or*. Sol de l'empereur Louis-le-Débonnaire, travail barbare. Pièce authentique, trouvée (comme la plupart de ces monnaies d'or) dans l'Ecosse septentrionale.

41 à 43. *Or*. Trois pièces de CINQ FRANCS frappées sur ce métal. — Sans division.

1848, coin d'essai de Barre, tranche inscrite. — 1849, coin d'Oudiné, tranche lisse.—An X (1802), coin de Dupré, tranche inscrite. Ce sont trois monuments *uniques* et à fleur de coin. S'il n'y a pas d'enchère suffisante, ce lot sera retiré.

44 à 47. *Or*. Quatre autres pièces de CINQ FRANCS. — Sans division.

Concours de 1848 Coin d'Alard, tête casquée; coin de Farochon, tête de face; coin de Gayrard, tête couverte de la peau de lion; coin de Rogat, tête au bandeau. — Ces épreuves, *uniques*, à fleur de coin.

48. *Argent*. Pièce de 5 francs, an V (1797), essai *unique* dit à la virole, à fleur de coin, ancien exemplaire Rignault. Il a coûté plus de 100 fr. à ses divers possesseurs.

49 et 50. *Or*. Deux pièces de 40 FRANCS de Napoléon Buonaparte, premier consul.

Essai de l'an II (au lieu de l'an XI), pièce unique; la tête consulaire frappée avant les retouches. *C'est l'exemplaire Tiolier, repoussé par Buonaparte.* — Essai de l'an XII, coin d'Auguste, au revers de la Victoire palmifère. — Ces deux pièces, à fleur de coin, renfermées dans une boîte, seront vendues sans division du lot.

51. *Or*. Louis XVIII. Pièce de 20 francs, frappée à Londres (d'autres ont dit à Gand) en 1815. Pièce rare comme *essai*, à fleur de coin.

52. *Or*. L. Philippe. Pièce de 40 francs, coin de Domard, *essai* de 1831. Epreuve aussi rare que belle.

53. *Or*. Duc de Bordeaux. Pièce de 5 FRANCS, frappée sur or, coin de 1832.

> C'est l'un des trois *essais* connus. Celui-ci a été rapporté de Londres en 1844 par M. Combrouse, lors de la vente T. Thomas.

54. *Argent*. Jolie piastre d'Isabelle II, reine d'Espagne. — Sera vendue avec le numéro suivant.

55. *Bronze*. Vue de la Cathédrale de Cologne en 1842. Belle et savante médaille de Viener.

---

## SÉRIE RÉVOLUTIONNAIRE DE 1848-1850.

56. *Or*. Rép. Française. Pièce de 20 francs, coin de Merley, essai à fleur de coin.

57. *Argent*. PIÉFORT de la pièce de 20 centimes, coin et essai d'Oudiné, en 1849, à tranche inscrite.

58. Coin et essai de Rogat pour le décime. Cette rarissime pièce dont le coin s'est brisé, est à fleur de coin, en argent au lieu de cuivre, et peut servir à la fois de *monnaie*, de *poids* et de *mesure*.

59. *Argent*. Coin et essai de Barre, pièce de 20 centimes pour le Chili, en 1851. Tête réduite de la Liberté couronnée d'enfants.

60. *Or*. Concours de 1848. Pièce de 20 francs, coin de Rogat, épreuve du graveur. Tête d'académie.

61. *Or*. Concours de 1848. Pièce de 20 francs, coin d'Alard. Tête casquée.

62. *Or*. Concours de 1848. Pièce de 20 francs, coin de Dentzel. Tête à peau de lion.

63. *Or*. Concours de 1848. Pièce de 20 francs, coin primitif de Barre. Profil grec.

64. *Or*. Concours de 1848. Pièce de 20 francs, coin d'Oudiné. Tête de face.

65. *Or.* Concours de 1848. Pièce de 20 francs, coin de Bovy.
Même tête. Ces six pièces d'or offrent *les types les plus tran-
chés ou les mieux réussis* du concours monétaire en 1848,
à Paris. Elles seront vendues séparément.

66. *Argent.* Monnaie satirique ou Monneron du royaume d'Aqui-
taine, en 1848. *Unique* en argent.

67. *En trois métaux.* Médaille commémorative du 1er vendé-
miaire an LVII ou 22 septembre 1848. Pièce unique frappée
en or, argent et cuivre.

68. *Etain.* Médaille frappée à Lyon, en 1849, avec un coin monétaire. Introuvable.

69. *Bronze.* Médaille pour Charles-Albert de Savoie, titré *roi
d'Italie.*

70. *Argent.* République Cisalpine, pièce de 6 livres, 1800, à
fleur de coin.

71. *Or.* Milan libre, mars 1848, essai des 40 *Lire.*

72. *Argent.* Pièce de 5 lire. Très bel exemplaire.

73. *Idem.* Venise libre, 1797, pièce de X lire. Superbe et
très rare exemplaire.

74. *Argent.* Venise libre, mars 1848, pièce de 5 lire. Bel
exemplaire.

75. *Or.* Venise libre, août 1848, pièce de 20 lire. Bel exemplaire.

76. *Bronze.* République romaine. Essai des 2 baïoques, 1798.
Exemplaire du général Gazan, aussi rare que beau. — Sera
vendu avec le n. 77.

77. *Bronze.* Essai de la pièce de 3 baïoques, 1849. Exemplaire
à fleur de coin.

78 et 79. Hongrie libre, 1849. Essai en *billon* des 20 kreutzer.
Médaille satirique, en *bronze*, frappée, à Paris, en août
1849, par des Italiens. — Lot sans division.

80. *Argent.* Parlement impérial de l'Allemagne constitution-
nelle, mai 1848. *Essai* de la pièce de 2 florins frappé par
la cité de Francfort.

81 à 84. *Etain*. Médailles : 1° pour Kossuth et Bem; 2° pour l'archiduc Jean, vicaire de l'Empire, juin 1848; 3° pour la Révolution de Vienne, mars 1848 ; 4° pour R. Blum, fusillé à Vienne en novembre 1848. — Lot (sans division) de pièces prohibées actuellement en Allemagne.

85. *Argent*. Hesse, 6 mars 1848, *essai* du florin.

86 à 88. *Idem*. Trois écus de : 1° Maximilien II, de Bavière, en 1848 ; 2° Victor-Emmanuel II, de Piémont; 3° Guillaume III, de Hollande. — Lot sans division.

---

89. *Papier monnaie*. Un bon lot d'environ 150 assignats, etc., formant une suite à peu près complète de 1790 à 1796. Il y a quelques papiers antérieurs à 1790. — Ce lot ne sera pas divisé.

90. *Verre*. Un lot d'environ trente verres coulés sur camées, verres gravés, plâtres, etc. — Ce lot ne sera pas divisé.

91. *Porcelaine*. Deux barils chinois surmontés d'une figurine.

92. *Idem*. Vase bicolore, blanc et bleu.

93. *Verre*. Vase à pied, à panse, goulot élargi à l'orifice.

94. *Idem*. Vase lacrymatoire antique, irrisé.

95. Autre vase.

96. Autre vase.

97. Autre vase, de couleur bleue.

98. *Etain*. Plat des libérateurs de la Suisse, les bords festonnés aux Armes des treize cantons, style Briot.

99. *Fer* de Berlin. Quarante camées, personnages historiques.

100. *Cuivre*. Quinze sceaux-matrices du moyen âge, tous variés.

Toutes les médailles ci-après décrites sont en BRONZE; les autres métaux sont indiqués entre parenthèses.

101. Blanche de Navarre au revers de Philippe de Valois. Rare et belle médaille.

102. Charles VII. Médaille *frappée* pour l'expulsion des Anglais, en 1454. Elle est aussi rare que belle. Le Roi sur son trône. ℞. Le Roi à cheval.

103. J. Brutus. Médaillon encadré de Varin.

104. Sénèque. Autre médaillon du même graveur.

105. Cicéron.          id.          id.

106. Solon et Le Titien. Médaillon de Varin (en plomb).

107. La maréchale de Créquy. Médaillon de ce graveur.

108. Marie de Médicis. Médaillon de Dupré, superbe exemplaire de 1624.

109. Un autre exemplaire.

110. Anne d'Autriche et Louis XIV. Médaillon doré.

111. Les mêmes. Médaille dite du Val de Grâce, 1638. Magnifique exemplaire, toujours rare en *médaille*, tandis qu'il se rencontre plus facilement en deux *plaques* serties.

112. La duchesse de Toscane. Médaillon de 1623, par Dupré.

113. Ferdinand 1er, duc de Toscane. Médaillon signé G. M. — *Elle est inédite.*

114. Charles Quint. Grand médaillon *inconnu* aux amateurs.

115. Le même souverain. Autre médaillon *inédit.*

116. Le précédent. Belle médaille de H. Trezer.

117. Marie Tudor. Médaille allégorique, dorée, à bélière.

118. Marie de Médicis. ℞. Louis XIII. Médaillon de 1630, par Dupré.

119. Marie Tudor. Médaille pareille au n° 17.

120. Marie Thérèse d'Autriche. Médaillon ciselé, 1743.

121. Henri IV. Beau médaillon ciselé de Dupré, 1606.

122. Louis XIV. Médaillon par Varin, moderne.

123. Christine de Toscane. Médaillon par Dupré.

124. Hippolite de Gonzague. Rare médaille de J. Trezer.

125. Henri IV. Médaille ovale de 1601. — Le Centaure vaincu par Alcide.

126. Le même roi. Son buste 3/4, médaillon ciselé et doré.

127. Le même. Buste à gauche, ciselé, du XVIII° siècle.

128. Le même. Sujet du n° 25 , médaille de 1602, par Dupré.

129. Le même. Médaille coulée à La Rochelle, avant 1593. Le Roi coiffé du chapeau militaire. ℞. L'écusson de France Navarre.

130. Le même. Médaille allégorique de 1604, dorée.

131. Le même. La même, très bel exemplaire.

132. Le même. Le PROPAGO IMPERI, par Dupré , 1603, exemplaire doré.

133. Le cardinal Ludovici. Médaille frappée en 1626 (sur plomb).

134. Anne d'Autriche. Médaille de 1630, par Lorfelin , admirable exemplaire.

135. La même et Louis XIV. Leurs bustes accolés. ℞. Apollon. Bel exemplaire.

136. Le maréchal J. Trivulce. Médaille carrée, de 1499.

137. A. Ruzé d'Effiat, père de Cinq-Mars. Médaille de Varin.

138. Le chancelier Séguier, 1663.

139. Le comte Landi. Belle médaille de la fin du XVI° siècle.

140. Richelieu. Son triomphe, médaille allégorique de Varin en 1630.

141. Louis XIII. La Justice assise, par Dupré, 1623.

142. Médaillon figurant une jeune fille à 18 ans. Beau portrait, bien ciselé, travail du XVI° siècle.

143. Henri d'Orléans, duc de Longueville, à 16 ans.

144. Jeanne d'Albret. Médaillon de 1572.

145. Le maréchal de Toyras. Médaille de Dupré en 1634.

146. Le duc d'Albe. Médaille rare.

147. Louis XIV et sa mère. Frappé de 1643, par Varin, doré.

148. N. Bailleul prévôt de Paris. Bel exemplaire,

149. Ezzelino de Romano. Médaillon italien du XV° siècle.

150. Le cardinal Bembo.

151. Maximilien 1er d'Autriche au ℞ de Marie de Bourgogne. Bel exemplaire.

152. Le dominicain Savonarola. Médaille italienne du XVIe siècle, *authentique*.

153. L'amiral génois André Doria.

154. Charles-Quint. Médaille allemande ayant pour revers VK.

155. Le ministre A. Loménie de Brienne. 1630, bel exemplaire.

156. Le duc J. d'Epernon. Le revers INTACTUS, etc.

157. Le chancelier Brulart de Sillery, 1612.

158. Saint Louis. Médaille de 1627 pour sa paroisse à Paris, 1627.

159. L'avocat-général Denis Talon, 1663.

160. J. P. Lomazi. Médaille italienne.

161. Don François de Moncade, figuré à 16 ans, 1565, bel exemplaire.

162. Charles-Quint et Philippe II. Leurs bustes accolés.

163. A. Verancius, archevêque de Presbourg. XVIe siècle, belle et rare médaille.

164. François de Médicis. ℞. Jeanne d'Autriche, sa femme.

165. L'archiduc Albert. ℞. Isabelle, sa femme. Par C. Bloc, médaille dorée.

166. Le comte Fiesque. ℞. André Doria. Belle, rare et authentique médaille.

167. Marie de Bourgogne. ℞. Maximilien 1er.

168. Thomas de Ravenne, 1562.

169. Le maréchal de Turenne, 1683.

170. Le Bramante. Médaille du XVIIe siècle.

171. Le sacre de Louis XIII. Coin de N. Briot, 1610.

172. La vicomtesse Alidonia. Petit médaillon italien

173. Don Juan d'Autriche. ℞. Bataille de Lépante.

174. Louis XIII. ℞. Le vieux Louvre, 1624.

175. Jean Wolfotmart. Médaille (en plomb).

176. Le chancelier Hurault de Cheverny, 1580.

177. Jean (Sobiesky) III de Pologne. Repoussé en argent.

178. L'empereur Rodolphe II. Médaillon en argent.

179. Le Sthathouder Guillaume II. ℞. Son fils Guillaume III d'Orange, roi d'Angleterre. Joli médaillon ciselé (sur argent), du prince d'Orange, représenté encore *enfant.* ·

180. Louis XIV. Médaille frappée en 1663, sur argent.

181. Le même. ℞. Sa femme. Argent.

182. Pierre d'Albret, évêque de Comminges, et oncle de notre Henri IV. Grande médaille où ce bâtard d'Albret est figuré à l'âge de 44 ans.

183. Le garde des Sceaux Ch. de Laubespine. 1591.

184. Henri IV. Médaille frappée à la Monnaie de Châlons-sur-Marne, 1591. Exemplaire authentique, jadis doré.

185. Jeanne d'Albret. Médaillon *inédit.*

186. Philippe-le-Beau, roi d'Espagne. Médaillon doré.

187. Philippe V, roi d'Espagne. Repoussé par Collot.

188. Portrait de cardinal italien. Grand médaillon du XVIIᵉ siècle.

189. François de Waroquier. Médaille de 1678.

190. Portrait de Rubens. Beau médaillon, ciselé au commencement du XVIIᵉ siècle.

191. Romulus et Remus. Bustes affrontés. Grand médaillon du XVIᵉ siècle.

192. Charles XI, roi de Suède. Médaille frappée et dorée.

193. Louis XV. Camée (sur silex à trois couches).

194. Innocent XI. Repoussé (sur argent).

195. François II. Médaille du temps (en plomb).

196. L'empereur Antonin. Médaille pisanne de 1466.

197. Chasse au sanglier. Bas-relief du XVIᵉ siècle.

198. Le marquis Riccardi. 1715, bronze doré.

199. Ch. Dupnis, Salviati, Redi, 3 médailles italiennes.

200. Sept médailles. L'évêque de Preneste et les papes Innocent I, Benoit IX, Urbain VIII, Alexandre VII, Innocent VIII.

201. Apparition de la Madone au roi d'Orient. Bas-relief carré, italien et du XVIIe siècle.

202. S. Charles Borromée. Médaillon ovale et doré.

203. Phénix. Médaillon allégorique.

204. J.-J. Rousseau. Petit médaillon ovale, à bélière.

205. Bataille. Revers de médaille au XVIIIe siècle.

206. Anne d'Autriche, Richelieu, Ulrique de Suède. Trois médailles.

207. Les Trois États. *Étain* de 1789.

208. La Vierge. Médaillon italien, ovale et doré.

209. Clément XI. Grand médaillon italien.

210. Henri III. Son grand médaillon.

211. J. Jeannin de Castille.    id.

212. Henri IV et Marie de Médicis. Médaillon.

213. Le cardinal Barberin. Petit médaillon.

214. Alphonse, roi de Sicile. Médaille encadrée, pisanne de 1449.

215. Deux médaillons par le graveur moderne Depaulis.

216. Henri IV. Médaillon encadré (sur écaille doré).

217. Le conventionnel Lepelletier de Saint-Fargeau. Beau médaillon (sur biscuit de Sèvres).

218. Voltaire. Beau médaillon, superbe épreuve (biscuit de Sèvres).

219. Leray de Chaumont. Médaillon de Nini (sur terre cuite), 1771.

220 Priapée antique, bas-relief de Renaud, en 1793 (sur terre cuite blanche).

221. Le pape Pie VI. Portrait encadré (cire sur ardoise).

222. Le dévouement de Barra (émail sur cuivre). — Mirabeau (ivoire encadré).

223. Portrait de Colbert, peint sur cuivre, et renfermé dans un écrin.

224. Dans une boîte en ivoire piqué, six *portraits-miniatures*, dont un sur cuivre.

225. Offrande à Priape. Bas-relief ovale, du XVIII° siècle.

226. Portraits historiques par Liénard, vingt-sept repoussés.

227. Plaque niellée, en cuivre, figurant la Casa di Loretto, et trois repoussés.

228. Charles IV d'Espagne. Grand repoussé doré.

229. Lepelletier, Marat, Ch. de Corday, Trois médaillons de Montagny.

230. Trois bas-reliefs de la Révolution.

231 Quatre médailles dont celle de Spontini, en cuivre doré.

232 Médaille du grand ouvrage sur l'Égypte. Superbe exemplaire doré.

233. Les trois Consuls, 1801.—Tiraboschi, médaille rare (en plomb.)

234. Quatre médailles, deux françaises, deux italiennes.

235. Trois médaillons, deux en cuivre pour Napoléon, un en fer pour le monument suisse du 10 août 1792.

236. Deux médaillons, dont celui du chirurgien Heurteloup, peut-être *unique* ?

237. Trois médailles dorées, dont celle de Rénée de Bourbon.

233. Six médailles italiennes.

239. Neuf médailles allemandes et françaises.

240. Huit médailles françaises et italiennes.

241. Dix médailles françaises et espagnoles.

242. Dix autres, françaises.

243. Neuf autres, dont une dorée.

244. Cinq autres (en étain.)

245. Trois autres encadrées (en étain.)

246. Quatre bas-reliefs (dont trois sur étain.)

247. Vénus. Bas-relief carré du XVI° siècle (étain.)

248. Trois autres (étain.)

249. Deux autres du XVI° siècle, ronds, dont un est encadré.

250. Quarante sceaux du moyen-âge (en plomb.) — Ce lot pourra être divisé.

251. Six autres, dont ceux du duc Jean de Berry, Henri III, dauphin Humbert, etc.; (étain.)

252. Bronzes romains, tels que statuettes, lampes, anses, etc. — Le lot sera divisé s'il n'y a pas d'enchère pour le tout.

253. Trois statuettes en cuivre doré. Ouvrage du XVI<sup>e</sup> siècle.

254. Deux mortiers en bronze, XVI<sup>e</sup> siècle. — Un manche doré en ivoire.

255. Deux terres cuites antiques.

256. Sujet par Kleinsthal et tabatière à double fond.

257. Une boîte renfermant les portraits (en plâtre et fixés à la boîte) des rois et reines de France.

258. Portraits des rois grecs et d'empereurs romains, soixante soufres.

259. Statuette (en albâtre oriental), travail du XV<sup>e</sup> siècle ; Cléopâtre piquée par l'aspic.

260. Deux autres, Vertumne et Pomone, du XV<sup>e</sup> siècle.

261. Une autre. Apollon ? du XVI<sup>e</sup> siècle.

262. François I<sup>er</sup> à cheval. Bas-relief (en matière incertaine).

263. Tête d'enfant (terre cuite du XVII<sup>e</sup> siècle).

264. Un rocher, travail de B. Palissy (terre cuite.)—Pièce en hauteur, chargée d'ornements.—Ouvrage des plus remarquables.

265. Buste-reliquaire de Saint-Bernard (en bois colorié.) Bas-relief authentique provenant de l'abbaye de Clairvaux.— Monument curieux.

266. Lætitia Ramolino, mère de Napoléon, médaillon encadré (en terre cuite.)

267. Portrait de Charles-Quint (peint sur bois.)

268. Henri II, buste à mi-corps, bronze ciselé et encadré. — Ouvrage curieux.

269. Petit médaillier, en acajou, avec douze tiroirs.

270. Charles-Quint. Petit vitrail du XVII<sup>e</sup> siècle.

271. La Salutation Angélique, tapisserie du XV<sup>e</sup> siècle.

272. Vingt-deux grands cartons.

273. Vingt-huit autres cartons plus petits.

274. Seize autres cartons de diverses grandeurs.

275. Les douze Césars (en matière inconnue), renfermés sous verre dans un joli cadre.

276. Enlèvement de Déjanire par Nessus, marbre sculpté, travail italien du xv<sup>e</sup> siècle.

277. L'empereur d'Allemagne, Charles VI, médaillon ciselé et encadré.

278. La Résurrection, beau repoussé en cuivre doré, dans un cadre de l'époque de Louis XIII.

279. L'empereur Ferdinand I<sup>er</sup>, grand médaillon (en terre cuite), du xvii<sup>e</sup> siècle.

280. Maximilien, fils du précédent.— Le pendant.

281. *Cuivre*. Quarante-deux monnaies modernes.

282. —     Quarante-cinq autres monnaies.

283. —     Vingt-huit autres monnaies.

284. —     Vingt-huit poids de monnaies de Henri III à Louis XIV. Ce lot provient de la collection Tiollier.

285. *Cuivre*. Douze pièces de six livres; œuvre des anciens faussaires ; origine précédente.

286. *Étain*. Cinquante-trois clichés de monnaies; essais de M. Gayrard, de l'Institut, pour le concours monétaire de 1848.

287. Environ vingt-cinq pièces anglaises de la reine Victoria.

288. *Argent et Billon*. Cinquante monnaies françaises et étrangères.

289. *Billon et Cuivre*. Quarante-cinq monnaies suisses.

290. *Argent*. Neuf écus d'États européens.

291. *Cuivre*, etc. Neuf médailles de la Révolution française, 1789-1793.

292. Encrier persan.

293. Râpe à tabac, en buis.

294. Deux portraits sur ardoise, Sylvain Bailly et Lafayette.

295. Trois portraits sur cire, Marat, Charlotte Corday, Cécile Renaud.
296. Six plaques en cuivre, dont quatre de la République.
297. Vingt-six cachets.
298. Un as et un semis romains.
299. Cent grands bronzes.
300. Cent grands bronzes.
301. Cent moyens bronzes.
302. Cent moyens bronzes.
303. Quatre grandes médailles anciennes, dont un Martin Luther.
304. Huit repoussés et deux médailles en fer de Berlin.
305. Quarante-cinq clichés et médailles en plomb.
306. Quarante-huit        id.        id.
307. Sept médailles, dont Marie de Médicis, Louis XIII et Richelieu.
308. Dix-huit pièces de la République 1789, plomb et cuivre.
309. Dix-sept  id.        id.            id.
310. Seize    id.        id.            id.
311. Vingt-deux pièces de Louis XIV, XV et XVI.
312. Dix-huit pièces de Louis XV, XVI et XVIII.
313. Onze pièces de Charles X et Louis-Philippe.
314. Quatorze différents personnages, médailles.
315. Vingt-quatre clichés de l'Empire et de la Restauration.
316. Seize médailles des grands hommes des Pays-Bas.
317        id.              id.            id.
318. Seize médailles, en partie des électeurs de Bavière.
319. Quatre médailles, série des rois de Suède.
320. Trente-sept médailles, en partie allemandes et anglaises.
321. Vingt-cinq médailles de grands hommes.
322.    Id.    id.        id.
323.    Id.    id.        id.
324. Sous ce numéro seront vendus les objets omis ou non catalogués.

Imprimerie Maulde et Renou, r, Bailleul, 9-11.